U0618383

成长的要素

不跨边界 追求卓越

[美] 帕米拉·埃斯普兰德 [美] 伊丽莎白·弗迪克 著

汪小英 译

河北出版传媒集团 河北少年儿童出版社

前　言

要是有一些方法，教人怎样过上幸福生活，你想不想试一试？

现在你可能已经跃跃欲试了吧？那么这个系列就是为你而准备的。这套书一共八本，名字叫作《成长的要素》。

成长的要素到底指的是什么？

成长要素是你在成长中需要的、对自己的生活有用的东西。这些要素并不是汽车、房子、珠宝等用金钱来衡量的东西。我们说的这些要素，能让你做到最好，成为更好的自己。这些要素既可以是外界的因素，也可以是内在的因素，既可以是其乐融融的家庭环境、治安稳定的住所，也可以是你正直诚实的品格、对学业的信心和计划。

这类要素一共有三十九种。这本书讲的是其中六种，统称为边界和期望要素。边界要素讲是的什么是边界之内的、可以做的事，什么事是边界之外的、不可以做的事。"边界"的

边界与期望要素	
名称	解释
家庭边界	家里有明确且固定的规定，如果你违反了规定，就要承担一定的后果。
学校边界	学校有明确的规定，如果你违反规定就会受到相应的惩罚。
邻里边界	你的邻居会关照社区里的孩子。
成人榜样	你的父母和你认识的其他成年人做事积极、负责任，为你树立了很好的榜样。
同龄人的积极影响	你的好朋友做事积极、负责任，对你产生了正面影响。
高期望	父母和老师希望你在学校和其他活动中表现出自己最好的一面。

定义是指导你行为的规范，通常来说，遵守规范就会有好结果，而违背了规范就不会有好结果。期望要素强调你身边要有关心爱护你的人，他们鼓励你做到最好，成为最好的自己。

这套书其余的七本，讲了另外三十三种要素。三十三种要素不算少，你不用一下子就都了解，也不必按固定的顺序来掌握。不过，越早掌握，你的收获就越大。

这些要素为什么很重要？

美国有一家叫作"探索研究院"的机构对几十万美国青少年进行了深入的跟踪调查。研究者发现：有些孩子成长得非常顺利，有些则不然；有些孩子成了"坏男孩""问题少女"，有些却没有。

是什么原因让他们如此不同呢？原来，是这些成长要素！具备这些要素的孩子就可能成功，不具备这些要素的孩子往往很难获得成功。

你也许会觉得：我还是个孩子，非要学会这些要素不可吗？孩子也有选择的权利。你可以选择被动地让别人来帮你，也可以选择主动地采取行动，或者寻找关心你、愿意帮助你的人，帮助你获得这些要素。

这本书里有很多地方需要你与他人配合。这些人除了爸爸妈妈、兄弟姐妹、爷爷奶奶等与你亲近的人，还包括与你同龄的同学、朋友和邻居，除此之外还有老师和辅导员等成年人。他们都会乐于帮助你，和你一起努力，争取让你早日获得这些要素。

很可能已经有人在帮助你了，比如，你拿

到的这本书就是他们给的吧？

如何阅读本书

选择一种要素开始读，从某个章节开始的故事读起，一直看到结尾，这些故事解释了日常生活里的成长要素是什么。随便选一种要素，试着做一做，看看效果如何。读完一章，再选一章接着往下读。

你不必要求完美，做得和书中一丝不差。你要明白，你是在迎接新的挑战，在做一件了不起的事情！

你获得的要素越多，你对自己就越感到满意，越感到有信心。眼看你就不再是个孩子，要进入青少年阶段了。学会了这些要素，你感到很有把握，不气馁，你会做出更好的选择。你已经航行在一片充满挑战的大海上。

翻开这本书，你已经踏上探索学习这些要素的路，我们祝你一路顺风！

帕米拉·埃斯普兰德

伊丽莎白·弗迪克

目录

家庭边界

家里有明确且固定的规定，如果你违反了规定，就要承担一定的后果。

"流浪者"布兰登（上）

布兰登的妈妈曾经有酗酒的毛病。最近，她的酒瘾又犯了，总是很晚才回家，有时甚至过了午夜还没回来。家里常常只有布兰登一个人，他非常害怕。

他总是安慰自己妈妈早晚会回来的。这样一想，他就没那么害怕了。

布兰登的父母早就离婚了，爸爸已经不知去向。每当妈妈有事顾不上布兰登时，他就要

去亲戚家住。到现在，布兰登已经住过叔叔家、奶奶家还有几个几乎不认识的堂兄堂姐家。就在上个星期，堂姐让他去塔尼亚姨妈家住一阵。塔尼亚姨妈住在另一个州。布兰登自言自语道："姨妈家离这儿十万八千里远呢。"

拖着行李箱搬来搬去，寄人篱下，还要遵守每家的家规，可不是一件容易事。布兰登盼望妈妈快点儿振作起来，可是愿望终究只是

愿望。

他觉得自己像只皮球，被人踢来踢去，不知道下一次会落到哪里。为此，他难过、生气，却又无可奈何。

布兰登觉得自己缺少家庭边界。

现在回想一下你自己的生活。你家里对家庭成员的行为有明确、固定的规定吗？（固定的规定指的是不会变来变去，也不会互相矛盾的规定。）如果你违反了规定会受到惩戒吗？你的家人知道你每天都去哪儿吗？

如果回答是肯定的，那么你具备家庭边界

这一要素。请你继续读下去，学习如何巩固这种要素，把它发扬光大。

如果回答是否定的，也请你继续读下去，学习如何获得这种能力。

> **你知道吗?** >>>
>
> 有家庭边界的孩子
>
> ·在学校表现得更出色
>
> ·抗压能力更强
>
> ·不会做危险的事情

你也可以用这些方法来帮助他人获得这种能力，比如帮助你的家人、朋友、邻居和学校里的同学。

◀ 如何获得这种要素 ▶

在 家 里

了解家规

很多家庭都有家规。家规规定了哪些事情能做，哪些事情不能做。很多家庭会对遵守家规的家庭成员予以奖励，对违反家规的家庭成员予以惩罚。例如，你家有一条规定，要你在晚上九点上床睡觉。如果你遵守了这条规定就会获得奖励，可以在周五和周六这两天十点半再去睡觉；如果你违反了这条规定就会受罚，你一周七天都必须九点上床。仔细想想你家有没有奖惩分明的规定。你能想出几条呢？

定一个协议

如果你不知道家里有哪些家规或者对家规有不明白的地方，就应当让父母和你一起制定一份家规协议书，用通俗易懂的话写出家中的所有规矩，写清楚遵守

家规会得到的奖励和违反它所要受到的惩罚。家里的所有人都要签字，表示自己了解、同意这些规定。把协议书贴在人人都看得见的地方，比如冰箱门上、客厅墙上或家里大门后。

悄 悄 话

有时家里的规定会互相矛盾：爸爸有一套规矩，妈妈又立了另一套规矩。谁家都可能出现这种情况，特别是在离异的家庭里。离异家庭的孩子时而住在爸爸家，时而住在妈妈家。如果你觉得你的家规不太一致，那就和父母谈谈，让他们提出的要求尽量一致。或者让他们商量一下，看看在不同的场合，某方面的规定是否可以更改。

明白为什么这样立规矩

人们不会无缘无故立规矩，很多规矩都是有原因的。有些规矩是出于安全考虑——例如"坐车时要系安全带"或"出门的话，要事先告诉家长"；有些规矩是为了规范你的行为——例如"平时晚上九点钟上床睡觉"或"遵守餐桌礼仪"；还有一些规定体现了你家的价值观——例如"要诚实"或"不说脏话"。写出你家的三条规定，想一想它们背后的理由。为每个规定至少写出一条理由。例如："如果发生车祸，系安全带可以保住性命。"；"如果睡得太晚，第二天上学就会很疲乏。"；"骂人是不尊重他人的表现。"。

> **小提示:**
>
> 你家有没有不合情理的规定？或许你不清楚它是怎么回事，或许你不同意某一条规定？你能找出来吗？你可以在家庭会议上提出来，和家人一起讨论。

少说"不要"，多说"请"

可能你每天都会听到很多"不要"。"不要用力关门"，"不要占着遥控器"。可能你还听到很多"你最好别……"或"别再……"，

这样的话是不是
会让你有一点儿
反感？能否用积
极的话表达出这
些规定呢？当你

听到"请小声关门"或"请把遥控器给我"，
是否觉得更加顺耳？如果有人向你温和地提出
建议，你会更愿意听从。你可以帮助家人修改
一下家规，把家规中的"不要"变成"请"。

使用家庭日历

　　如果你们一家人都很忙碌，那么大家就有
必要清楚其他人的时间安排。这时候家庭日历
就派上用场了。让父母买一个可以往上写字的
日历（或者自己做一个），把它挂在大家每天

都能看到的地方。大家每周在日历上写下自己这一周的安排。例如，爸爸：晚上七点半，家长会；妈妈：下午一至五点，图书馆志愿者；埃里克：放学后踢足球；肖娜：在维塔家过夜。每个人可以用不同颜色的笔来写。

悄 悄 话

遵守规定似乎很麻烦。你会觉得，如果没有这些规定，你会活得更自在。你可以随心所欲，没有人会对你说"做这个"或"不要做那个"，没人会问你"你要去哪里？"或"你去哪了？"；没人会提醒你遵守规定，你也不用因为违规而受罚……可是，请认真想一想，如果真的没有人在乎你、约束你，你还会有被爱、被牵挂的感觉吗？

在 学 校

找老师聊一聊

你是否觉得父母制定的有些规矩对你不公平？你是否感到喘不过气，没有自由？和学校里你认识、尊敬的老师或辅导员聊一聊。问问

他们小时候有没有遇到类似的情况。他们那时
需要遵守哪些规定？他们当时对这些规定有什
么想法？现在又怎么想？

三思而后行

家规还可以规范你不在家中的行为。有的孩子认为父母不在身边时就可以为所欲为，可以欺负其他孩子、说脏话，做一些当着父母的面不敢做的事情。你不要模仿他们的样子。有时，在做一件违背规矩的事情的时候，你会听见心里有一个微弱的声音（听起来很像父母的声音），告诫你要凡事要三思而后行。试着仔细聆听那个声音。

和朋友在一起

拒绝的理由

有时，朋友会给你施加压力，逼你做一些危险的事情。你该如何拒绝，又不会被认为是

胆小鬼或假正经呢？你可以把家规当作挡箭牌。你可以说："我要是吸烟，爸爸准会揍我。""我向妈妈做过保证，玩滑板必须戴头盔。"

小提示：

如果家长没有提过这方面的要求，你觉得是危险的事情，仍然可以说："不行，这样做我爸爸会教训我的。"

14

选择一种方法，试一试，记录下过程和结果。为了巩固这一要素，你是否愿意再试试其他方法？

"流浪者"布兰登（下）

　　布兰登一来到塔尼亚姨妈的家里，就把衣服从行李箱里倒出来，塞进卧室的衣柜，"砰"的一声，使劲关上柜门。姨妈坐在床边静静地看着这一切，问："怎么了？"

　　"没事。"布兰答道，连头也没抬。

　　塔尼亚姨妈说："你弄出这么大声响听起来可不像'没事'。我们来谈谈吧！"

布兰登一屁股坐在床上，说："有什么可谈的？还不是和以前一样，从这儿搬到那儿，从那儿搬到这儿，像报纸一样被扔到人家门口。我只想知道：什么时候我才能有一个家，有人会在乎我什么时候出去，什么时候回来？"

塔尼亚姨妈把布兰登搂在怀里，说："孩子，我们知道你的生活很不容易。但你说错了一件事：你其实有一个关心你的家，我们关心你什么时候出去，什么时候回来。"

"哦，好吧。"

"布兰登，我就很关心你——不然你怎么会来到我这儿？你所有的亲人都很关心你。你外婆把你当成心肝宝贝儿来疼爱。你妈妈也是。"

看到布兰登失落的面孔，塔尼亚姨妈继续

说："听着，布兰登，你在我们家里只要遵循一条重要规定：那就是要说出自己的感受——即使是愤怒的感受，而且要把家庭和谐放在第一位。"

布兰登偷偷瞥了姨妈一眼，露出了一丝笑容，更正说："这是两条规定。"

塔尼亚姨妈说："好吧，你说得对。"她把布兰登的 T 恤衫递给他，说："我帮你把衣服叠好，免得你要穿着皱巴巴的衣服去上学。"

布兰登说："谢谢，姨妈……谢谢你为我所做的一切。"

学校边界

学校有明确的规定，如果你违反规定就会受到相应的惩罚。

作弊的学生（上）

在数学考试中，人人都非常紧张。桑德拉在钻研一道很难的应用题，偶然抬头，碰巧看到艾米从书包里摸出手机。学校不允许学生用手机。不过还是有几个人带手机上学，其中就包括艾米和布兰德。

桑德拉漫不经心地往布莱德那边瞥了一眼。布莱德坐在最后一排，他的腿上放着个什么东西——是一部手机！眼前的一幕让桑德拉

难以置信。她断定艾米和布莱德正在互相发短信传答案。

桑德拉想：他们在作弊！人人都知道学校决不允许作弊，更何况大家都在诚信考试承诺书上签了名，每个人都要遵守承诺。

桑德拉又想，他们为什么要这样做？他们会被抓住的。他们两可是班上学习拔尖的学生。老师都喜欢他们。困扰桑德拉的不仅仅是这一点。不作弊的人——比如她自己，考出的是真实成绩。作弊的行为对不作弊的人是不公平的。

虽然如此，桑德拉还是不知道该怎样做。应该告诉老师吗？还是等考试结束后找到艾米和布莱德，告诉他们自己看到他们在作弊，让他们主动向老师承认错误？如果他们不承认，那又该怎么办？

桑德拉决定不再多想，先做完试卷。她埋头答题，想忘记看到的那一幕。

桑德拉对于学校规定的认识比较模糊。

现在回想一下你自己的生活。你的学校有明确的规定和对违规行为的处罚吗？

如果回答是肯定的，那么你具备学校边界这一要素。请你继续读下去，学习如何巩固这种要素，把它发扬光大。

如果回答是否定的，也请你继续读下去，学习如何获得这种能力。

你也可以用这些方法来帮助他人获得这种能力，比

你知道吗？>>>

拥有学校边界的孩子

· 在学校感到更安全

· 更爱上学

· 较少被点名批评

如帮助你的家人、朋友、邻居和学校里的同学。

◀ 如何获得这种要素 ▶

在 家 里

了解你们学校的规定

很多学校都会给学生发校规手册。你可以

和家长一起逐条看一遍。有哪些你不知道的校规吗？你是不是违反过某些校规呢？你是否觉得有的校规莫名其妙或者很不公平？你希望学校增加哪方面的规定？如果有兴趣，你可以问问父母，他们上学时都有怎样的校规。和过去相比，现在校规是不是有了一些变化？

做一个"批评表"

你在学校是否经常受到批评？准备一个"批评表"，记录下你受过的批评和被批评原因。例如："戴维斯老师提醒我上课时不要说话，一共提醒了两次。"；"被老师发现传字条。"；"老师批评我穿奇装异服。"。把一周受过的批评全部记录下来，周五放学前做个总结。你受过的批评多不多？是因为什么？你

是否厌烦了上学？上课时坐直、认真听讲对你来说很难做到吗？你明白自己在学校有什么任务吗？老师是否太吹毛求疵了呢？把这个"批评表"给父母看，让他们帮你改正。

招募家长志愿者

很多学校欢迎家长到学校当志愿者，这样会有助于校规的贯彻执行。家长可以课间时在楼道里执勤，上课时在教室里帮忙，放学时疏导校门口的车辆，平时帮助学校开设特色课程等等。这样一来，家长会对学校有更直接的了解，孩子也会用一种全新的眼光看待家长。问问你的父母，是否可以抽时间可以去学校当一次志愿者。

以身作则

你要了解、遵守校规。看到有人做出违反校规的行为，不要默不作声，而要出面制止。人们不会觉得你是假正经或者是多管闲事，你这样做是在维护学校的尊严。

小提示：

如果你不想当面制止，也应当把情况报告给老师或校长。你可以用写匿名信的方式，这样违规的人就查不到是谁举报的。

完善校规

上学是你应有的权利，你有权利选择一个校规明确、纪律良好的学校。如果你的学校没能做到这一点，你就要致力改变现状。找一些志同道合的朋友，讨论一下学校存在的严重问题——作弊、偷东西、打架、骂人、欺凌？把这些问题一条一条列出来，找到愿意倾听的老师，说出你们的想法，向他们寻求帮助。

了解制定这些规定的原因

如果人人都能准时到校，那就不需要"不许迟到"的规定；如果人人都能做到诚信考试，那么也不需要"不准作弊"的规定；如果没人把危险物品带到学校，也不需要"禁止带危险物品到校"的规定。之所以有这样的规定，就是因为有些人无意中会做错事，还有些人要故意伤害别人，做危险的事来取乐。所以，当你对某条学校规定嗤之以鼻的时候，先想一想为

什么要这样规定。如果大家都把这个规定当作不存在的话，会有怎样的后果？

在社区

遵守规矩

如果你每天乘校车上学，就应该知道乘校车的规定。要是有人总在车上捣乱，你就应当告诉家长，让他们把问题反映给学校。

和朋友在一起

互相支持

和朋友们约定，一起了解并遵守校规。约好互相支持，互相帮助，鼓励彼此去做正确的事情，避免惹出麻烦。

悄 悄 话

你在学校是否感到焦虑甚至害怕？你是否觉得有些同学很吵闹、爱捣蛋，让你无法专心学习？老师花在维持课堂纪律上的时间是否比讲课的时间还长？你们学校有没有一些地方（比如厕所或楼道）让你能不去就不去？上面问题里，如果有任何一个你回答"是"，那就要和父母好好谈谈。让他们去找老师或校长。如果可以的话，请他们在学校观察一段时间，看一看学校里的实际情况。他们也许能帮助学校改进，也许会为你选另一所环境安全、氛围良好的学校。

选择一种方法，试一试，记录下过程和结果。为了巩固这一要素，你是否愿意再试试其他方法，让学校变得更好？

作弊的学生（下）

考试结束的铃声响了，桑德拉交了考卷，收起铅笔和计算器。

桑德拉和好朋友丹尼斯一起走出教室。丹尼斯说："这次考试真的很难。不过我实在太开心了，平时的努力总算没有白费。"

桑德拉说："是啊，我也这么觉得。但是

我敢说不是人人都像我们这么努力。"

就在这时，艾米和布莱德正好也来到储物柜前。桑德拉听到布莱德对艾米说："这招怎么样？管用吧。"这时，桑德拉更证实了自己的怀疑。

考试之后，桑德拉一直在想他们作弊这件事，他们瞒天过海，并没有被发现。她想得越多，反而越没有头绪。

下午放学回到家，爸爸对她说："你看上去不太高兴，遇上什么倒霉事了？"

"是的，爸爸，我能和你谈谈今天的事吗？"

爸爸说："我正听着呢，我们坐到沙发上吧。"

桑德拉踢掉鞋子，靠在爸爸身上，对他说："今天，我看到了有人在数学考试中作弊。现在，我不知道是该把这件事报告给老师，还是就当没这回事。他们俩在班上成绩特别好，这样做可能是想保住自己的年级排名吧。"

爸爸说："这确实是一件很棘手的事。不过我很高兴你把这件事情告诉了我。这学期开学的时候，你们不都在诚信考试承诺书上签字了吗？"

桑德拉叹了口气说："是啊，这让我很难办。他们违反了校规，却被我撞见了。"

爸爸说："是啊。如果你保持沉默，那你也违反了规定。因为你不够诚实，没有把自己看到的说出来。"

"但我不想因为我的举报而让他们受到惩罚。"

"桑德拉，他们不是因为你而受罚，而是因为他们自己违反了校规。他们本来就知道违反规定是要受罚的。这些规定不是随便制定

的，有了规定就要遵守，明白吗？”

　　“我知道。”

　　桑德拉坐在那里，默默想了一会儿，然后说：“明天上学，我会去告诉老师。虽然这样做有点儿困难，但是我必须这样做。”

　　爸爸说：“这才是我的好女儿。”他紧紧地抱住了桑德拉。

　　桑德拉笑着说：“爸爸，你抱得太紧了，我的头发都乱了。”

　　“对不起，我太激动了，我为你而骄傲。”

邻里边界

你的邻居会关照社区里的孩子。

鲁斯塔姆和社区会议（上）

鲁斯塔姆抱怨道："又要去开社区会议。"

妈妈问："有什么可抱怨的呢？我们每隔一周都要开会。"

"我当然知道，不过我想在外面玩滑板。天气终于暖和了，我可不想闷在那里开无聊的会。"

"鲁斯塔姆，你不能这样。你应当知道，小区里所有孩子也去参会。我们都去李先生家，

还有谁和你一起玩？今晚要讨论很重要的事，我们要在小区街道安装一些减速带。"妈妈又笑着补充说，"而且我们还要讨论冰激凌晚会的准备工作。"

鲁斯塔姆想，去年的冰激凌晚会很有趣。他还向大家许诺，明年要做一个原料很多样的圣代冰激凌，给晚会助兴。他的原料包括椰肉还有脆饼干，大家肯定会喜欢的。

可是现在，他站在到窗前，心想：这么好的夜晚多适合玩滑板。他不高兴地说："我不想去。"

妈妈马上变了脸，对他怒目而视。鲁斯塔姆看到这种表情，就知道妈妈已经忍无可忍了。

"如果你不参加，李先生会怎么想？"

鲁斯塔姆瞪着眼睛，有点儿来气。其实他

很喜欢李先生，不想让他失望。

有时候，鲁斯塔姆对邻里边界这一要素又爱又恨。

现在，回想一下你的日常生活。你觉得邻居们关心你以及周围的孩子吗？你是否觉得邻居们的关心是真心的，不是只停留在表面？

如果回答是肯定的，那么你具备邻里边界

这一要素。请你继续读下去，学习如何巩固这种要素，把它发扬光大。

如果回答是否定的，也请你继续读下去，学习如何获得这种能力。

你也可以用这些方法来帮助他人获得

> **你知道吗? >>>**
>
> 拥有这一要素的孩子
>
> · 学习成绩更好
>
> · 行为问题更少
>
> · 不太可能与问题少年交往

这种能力，比如你帮助的家人、朋友、邻居和学校里的同学。

◀ 如何获得这种要素 ▶

在家里

做个好邻居

怎样做个好邻居呢? 就是要亲切、友善、

尊重他人。这几点你也能做到。例如：在路上遇到邻居时要打招呼或者点头微笑。不要在小区里扔垃圾。如果你在家附近遛狗，要将狗的粪便打扫干净。你也可以时不时地赞扬一下你的邻居："我很喜欢你的小院子！"或帮他们做点儿事："我能帮你洗车吗？"

和大家分享

如果你家后院有秋千、自行车或篮球架，邻居家的孩子可能很想过来玩。能不能让其他

小朋友来一起玩呢？你家允许分享还是不允许

分享呢？很多家庭都欢迎其他小朋友在他们的

院子里或门前玩，有些家庭却不喜欢这样做。

你家是怎么规定的呢？

小提示：

　　如果有很多小朋友来你家玩，要保证至少有一个

大人在家。如果你想去朋友家玩，他家里也应该至少

有一个大人在。

照顾年龄较小的孩子

　　年龄大的孩子通常更懂事，所以你可以教

导邻居家年纪较小的孩子遵守规则。他们会注

意交通安全还是会在马路上乱跑？他们愿意分

享自己的玩具，还是总是抢别人的玩具？玩滑

梯是一个个轮着来，还是有孩子总占着不让别人玩？你可以教他们正确的做法。看看他们是否要去不安全的地方，是否离大人太远。如果看到他们遇到了危险，你要马上告诉他们的父母或其他大人。

悄 悄 话

如果邻居让你做什么、不做什么，你是否一定要听从？实际上，你不一定要听他的。如果你和你父母都很了解并且信任这位邻居，他可能出于关心要求你。但是如果你们家跟这个人并不太熟，而且你对他说的话也有些怀疑，你应当先告诉家长，向他们说明发生了什么，征求一下他们意见。

在 学 校

好好表现

你的学校在你家附近吗？如果在的话，你在那儿的表现就要和在家一样好。上学和放学的路上，你不能破坏邻居的院子。不要折断路边的花朵或乱扔垃圾。即便你的学校在很远的郊区或乡下，在往返学校的路上，你也不能随意破坏公共设施。

关注周围发生的事情

密切关注你周围发生的大事小事。不论看到或听到什么都要告要家长。如："几个小

孩弄倒了垃圾桶。"；"有人把公园的碎玻璃扫走了。"。

建立行为规范

告诉家长，你想让周围的环境更安全、更干净、更友爱。问问他们愿不愿意共同努力，改善社区环境。你们可以成立一个社区委员会或楼委会。大人和孩子可以一起讨论一下你们小区的行为规范。大家可以先执行那些已经达成共识的规定。

四条最基本的社区规范

这几条规范适用于任何社区:

1. 我们要互相关心、互相帮助。

2. 发现任何可疑的事情,我们都要及时报告。孩子要告诉父母,大人直接报警。

3. 我们要尊重个人及其物品。

4. 我们要以身作则,树立榜样。

和朋友在一起

熟悉他人家规

你在朋友家要守规矩。即使他们家的规矩你不太熟悉，你也要遵守。如果你不了解他们家的家规，可以去问问他们家的大人。如："我想用一下电话，行吗？"；"我们能在院子里玩球吗？"；"如果我们在走道上骑车，邻居会同意吗？"。

选择一种方法，试一试，记录下过程和结果。为了巩固这一要素，你是否愿意再试试其他方法，让你的社区变得更好呢？

鲁斯塔姆和社区会议（下）

鲁斯塔姆说："妈妈，能不能编个理由，说我参加不了今天的会？你就说我生病了。"

妈妈严肃地说："不能这样，我决不会为你撒谎。再说，李先生从窗户向外一看，就能看到你在玩滑板。他会怎么想？"

鲁斯塔姆想，要是住在别的地方就好了，

那样就没人打扰他，他可以有自己的隐私，那该有多好啊！而在这儿，人们总是拦住他，问他各种各样的事情。就在前天，辛斯太太还从窗口向他喊："鲁斯塔姆！别到马路中间去！到空地上去玩滑板，要不然会被汽车撞到。"

鲁斯塔姆小声抱怨："又要开社区会议，又要听邻居们商量各种规定，谁负责什么琐事。"

他看见几个邻居有说有笑地正往李先生家去。有人还带着餐盒，鲁斯塔姆纳闷里边装的是什么。他的几个朋友也在那里，他们看着都挺兴高采烈的。

鲁斯塔姆转念一想："时不时开个会也许不是什么坏事。我还是更愿意有一些关心我的邻居，这总好过他们都不知道我是谁。"

鲁斯塔姆终于想清楚了："好吧，妈妈，就依你的意思吧。"妈妈笑了，说她为他感到骄傲。鲁斯塔姆跑出去。在朋友身后喊："嗨，朋友们，等等我！"

成人榜样

你的父母和你认识的其他成年人做事积极、负责任，为你树立了很好的榜样。

我们毕业了（上）

塔米佳的爸爸一边拍照一边说："瞧，这两个姑娘真是聪明可爱！"

塔米佳和妈妈挽着胳膊，摆着姿势。拍完照片后，三个人一起看照片：塔米佳和妈妈都穿着毕业礼服、戴着礼帽，就像一对姐妹花。

塔米佳的爸爸说："妈妈和女儿，一个大学毕业，一个小学毕业。我真是太自豪了，我

要把照片发给
每个人看。"

妈妈说:
"我终于拿到
了学位证书。
隔了这么久重返校园,我终于毕业了。感谢你
们对我的支持。"她拥抱了丈夫和女儿,然后
对女儿说:"一会儿我把你的礼服裁短一些,
让它更合身。我们希望你周五精精神神地上台
领毕业证。"

塔米佳心里砰砰乱跳。她在想:"告诉妈
妈吧,直接告诉她。"她对明天的毕业典礼感
到紧张,但不知道怎么说;而一想到就要上中
学了,她更是担心得睡不着。

塔米佳又想:"我怎么能在这个时候说自

己害怕呢？妈妈刚以优异的成绩从大学毕业。在读大学期间，她还一直做着一份兼职工作。她真是太棒了，她坚持了下来，从没有放弃追逐自己的梦想，一直坚定地朝目标迈进。我在这一点上怎么不像她呢？"

　　虽然塔米佳拥有成人榜样这一要素，但她有些怀疑自己的能力，不知道该怎么办。

下面来看看你自己的生活。家人中，有没有你非常敬重的、愿意向他学习的人？家庭之外你是否认识这样的成年人呢？

如果回答是肯定的，那么你具备成人榜样这一要素。请你继续读下去，学习如何巩固这种要素，把它发扬光大。

如果回答是否定的，也请你继续读下去，学习如何获得这种能力。

你也可以用这些方法来帮助他人获得

你知道吗？ >>>

拥有成人榜样的孩子

· 喜欢读书

· 不过激（较少专横和暴力）

· 对自己的未来期望较高

这种能力，比如帮助你的家人、朋友、邻居和学校里的同学。

◀ 如何获得这种要素 ▶

在家里

以家人为榜样

家人中，你认为哪些长辈最值得尊敬和学习？至少找出三个人。可以是你的父母、爷爷奶奶、叔叔阿姨或你的哥哥姐姐。找到每个人身上你最敬佩的优秀品格。例如："即使生活艰难，妈妈也能保持乐观。"；"爷爷对每个人

都很友善。"；"我姐姐想成为优秀的篮球运动员，训练非常刻苦。"；"爸爸什么都能修好。"。你可以把这些写在日记里，也可以写一张卡片，告诉他们："我认为你很棒，因为……"

发现更多榜样

当被问到有没有榜样时，孩子们常会说出一些电视明星、体育明星、歌星、模特和演员的名字。这些人又有钱、又有名，但他们真的能成为你的榜样吗？能当榜样的人做事积极、负责任，而某些名人做起事来却恰恰相反！你能找出三个确实符合上述条件的明星吗？写下他们的名字，然后当作你的榜样。

"考查"他们的行为

针对你写的每一个明星，先问问自己："这个人的生活方式健康吗？这个人的行为得体吗？他经常帮助别人吗？他是否树立了一个好榜样？"因为有些明星的行为确实非常糟糕。如果你的名单上有这样的人，那你就要用真正好的榜样取代他们。

小提示：

榜样不一定必须是名人或者富翁。你的榜样可以是普通的邻居、老师或你们学校的人。榜样甚至不一定是真实存在的人。你看的书里有没有让你敬佩的人物？电视剧里呢？

成为好榜样的六种方法

不止大人能做榜样，孩子也能成为榜样，其中也包括你。小朋友可能会模仿你说话、做事的方式。以下是六个成为好榜样方法：

1. 说话要慎重。

2. 行为要谨慎。

3. 表现出自己对他人的尊重。

4. 花时间和小朋友们在一起。让他们觉得自己很重要。

5. 养成良好的生活习惯。多吃健康食品、经常运动、讲卫生。

6. 爱读书。如果小朋友看到你在读书，他们也会学你的样子。

成为一个好榜样可是责任重大哦！

榜样也会犯错

人无完人，受人敬仰的榜样也不例外。就连政界领袖、民族英雄也会像普通人一样犯错误。和家长谈一谈某个名人所犯的错误。他认错、道歉了吗？他从中学到了什么，又是如何补救的？

做一个榜样拼贴画

首先，找几个你崇拜的人。如果是你的家人，找一张他本人的照片，或现在拍一张，或者动手画一张。如果是明星，你应该能在杂志、报纸或网络上找到他们的照片。

把这些照片贴在一块纸板上。再从杂志或报纸上抄下对这些人的正面评价。这些正面评价可能是正直、奉献、善良、诚实、勇敢、坚强、睿智、激励后人、目标坚定和尊重他人等等。在照片周围贴上这些话。把这幅拼贴画挂在告示栏或墙上,这样你每天都可以从中受到鼓励。也可以把它保存在日记本里,自己一个人看。

了解榜样

找一个在全国或全世界范围内知名、可以作为你的榜样的人物。在图书馆里寻找与这个人有关的信息。可以请图书管理员帮你找到与这个人有关的书、文章和视频。写出这个人当成榜样的理由。

> **小提示：**
>
> 你可以围绕这个人做一个专项主题研究，然后和老师，甚至全班分享你的研究成果。

在 社 区

从邻居中找榜样

你的哪个邻居能成为榜样呢？每天早晨都陪孩子等校车的阿姨可以吗？在公园义务担任

篮球教练的叔叔？经常喂养流浪猫、流浪狗的老奶奶？问问父母，他们最敬重的邻居是谁。

和朋友在一起

和朋友聊聊榜样

一项针对全美国十到十三岁儿童的调查发现：将近一半被调查者认为自己没有榜样。其实每个人都需要榜样。问问你的朋友他们的榜样是谁。如果他们的回答是："我没有榜样。"那你们就深入讨论一下这个话题。你可以帮大家找到一两个榜样，也可以告诉他们你把谁当成榜样以及你选择这个榜样的原因。

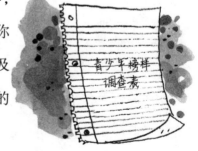

青少年榜样调查表

选择一种方法，试一试，记录下过程和结果。为了巩固这一要素，你是否愿意再试试其他方法，为自己寻找更多的榜样呢？

我们毕业了（下）

爸爸正忙着用手机跟大家分享照片，塔米佳决定趁这会儿向妈妈说出自己的担心。

塔米佳问："妈妈，上台领毕业证书的时候，你紧张吗？"

"当然了。怎么了？你也觉得紧张吗？"

"是的，我很紧张。我觉得我不敢上台领毕业证书。我不喜欢站在人多的场合！就是光想想我的心也跳个不停。"

妈妈轻拍着塔米佳的肩膀，直视着她的眼睛，对她说："谁都有紧张的时候。"

"但你不会紧张。"

"不是的，我也会紧张！"

"但你就像一个女超人，能做到一边工作，

一边学习，还能抽出时间陪伴我和爸爸。跟你比起来，我什么都不行。"

"塔米佳，话不能这么说。我为你而骄傲，你爸爸也一样。你刻苦学习，大好的前途在等着你。任何你想做的事情，你都能做到。"

塔米佳移开目光，说："我不知道自己行不行。我对自己没什么信心。"

妈妈说："塔米佳，你知道吗，有时候我也对自己缺少信心。但你外婆总夸我是个说到做到的人。我相信你的外婆，因为她是个女强人。"

塔米佳说："我知道，我很佩服她。"

妈妈继续说："你爸爸也让我更加自信。他一说'你能行'，我就感到自己能行。"

"是啊，爸爸也很棒。但我还是觉得很有

压力。我不知道自己能不能做到。"

"好吧。我比你幸运，因为还有另外一个人给了我信心，激励我去实现目标。你猜这个人是谁？"她停顿一下，然后说，"那就是你。"

塔米佳问："我？真的吗？"

"当然是真的。你让我变得更加强大，让我勇敢地去追求更美好的事物。多亏了你，当然，还有你爸爸，我今天才能穿上这身毕业礼服。"

塔米佳惊奇地问："你是说，有时候我成了你的榜样？"

妈妈笑着答道："是的，我就是这个意思！"

同龄人的积极影响

你的好朋友做事积极、负责任，对你产生了正面影响。

我该沉默吗？（上）

　　早晨，校车在路边停下，发出刺耳的刹车声，这让阿瓦罗紧张起来。博比上车了。特纳连忙说："他来了。阿瓦罗，瞧我的。"

　　博比朝校车里面走去，特纳突然伸出一条腿说："小心别摔倒。"博比立即被绊倒，笔记本和文件夹"哗啦啦"地掉了一地。很多孩子都笑了，但阿瓦罗没笑。

　　特纳转向阿瓦罗说："哥们儿，开心点儿，

这难道不好玩吗？"

博比弯腰去捡地上的本子。司机喊道："博比，快找个地方坐下。"

特纳插嘴说："是啊，博比小弟弟赶紧坐下吧，不然眼泪都要掉下来了！"

大部分孩子都笑了。阿瓦罗皱起了眉头。

司机说："行了，别捉弄他了。"

阿瓦罗不看特纳，而把脸转向窗外，看着

一栋又一栋高楼从眼前飞过。过了一会儿，当他觉得特纳不再看着自己，就朝博比那边看了一眼。博比一个人坐在一个靠窗的座位上，孤零零的，好像在这个世界上没有一个朋友。

阿瓦罗想："还会持续多久？为什么特纳每天都要这样做呢？"

阿瓦罗和博比缺少同龄人的积极影响这一要素。

想一想你的日常生活。你朋友的做事方式积极负责吗？他们对你的影响积极吗？他们是否帮助你成为最好的自己？

如果回答是肯定的，那么你具备同龄人的积极影响这一要素。请你继续读下去，学习如何巩固这种要素，把它发扬光大。

如果回答是否定的，也请你继续读下去，学习如何获得这种能力。

你也可以用这些方法来帮助他人获得这种能力，比

你知道吗？>>>

拥有这一要素的孩子

· 更关心学校

· 远离烟、酒和毒品

· 和他人更好相处、更容易建立与他人的联系

如帮助你的家人、朋友、邻居和学校里的同学。

◀ 如何获得这种要素 ▶

在家里

写出你有哪些朋友

写下所有朋友的名字——可以是同学、邻居，也可以是参加社团或活动认识的人。然后，仔细回忆一下每一个朋友。你会用什么样的词来描述他们呢？把这些词语写在对应的名字旁边。

之后问问自己，和这些朋友在一起时你是如何表现的。你显得自然吗？你会不会装模作样？或者你会不会为了讨好某些人而去做一些

违心的事？有些朋友能让你表现出自己最好的一面，有些则不能。哪些朋友会让你感觉到自信呢？为什么？在日记本上写下你的想法。你同样可以和家里的大人聊聊你的朋友们。

小提示： 你不想让别人看到你对他们的评价，从而受到伤害。这些最好写在日记本里，这样别人就不会看到。

征求成年人的意见

如果父母想见见你的朋友，他们并没有在瞎操心，他们只不过是在关心你。问一问父母对你朋友的看法。他们认为你的朋友对你有积极的影响吗？为什么？

真正了解你的朋友

在日记本上写出你对朋友们的评价以及大人对他们的看法。这些分析，是否会动摇你和朋友的友谊？如果遇到这种情况，你打算怎么办？你有几种选择，可以和朋友好好聊聊如何让你们的友谊更深厚，也可以去结交新朋友。至于那些你觉得不够朋友的人，可以减少和他们在一起的时间，多花些时间和真正的朋友在一起。

在学校

评价你的同学

　　除了在家，你待在学校的时间是最长的。你的很多好朋友是同班同学。他们学习刻苦吗？他们是好学生吗？他们尊敬老师吗？他们能友好地对待同学吗？你应该结交这些能给你带来正面影响的朋友，而不是那些吊儿郎当、惹是生非、爱欺负人的朋友。如果你交到了品行不好的朋友，你可能需要考虑交些新朋友了。

这样做并不容易，但你绝对不会后悔。向你喜欢、信任的老师请教，谈一谈怎样交到更好的朋友。

在 社 区

在课外结交朋友

课外辅导班和社区活动场所是结交新朋友的好地方。看看你家附近都有些什么活动，有什么聚会可以参加。找一项既能让你学会某种技艺，还让你变得更积极的活动。在这样的活动中，你很可能会找到积极、可靠的朋友。

和朋友在一起

杜绝负面影响

你不仅要交积极的朋友，你自己也要对朋

友有积极的影响。如果他们做错事，或者去做一件不好的事情，不要置之不理。告诉他们你的想法，努力说服他们不要那样做。如果你的朋友不听劝阻，执意要做一件很危险的事，你应该去告诉大人。这不是在打小报告，而是在做一个好朋友最应该做的事。

了解什么是同龄人的积极影响

　　和你的朋友一起读下面这篇《真朋友十个特点》。你符合里面的描述吗？你的朋友符合吗？告诉对方，对朋友要诚实。你们可以再做些什么，让自己成为可靠的朋友？

真朋友的十个特点

1. 尊重你。

2. 关心你。

3. 倾听你的心声。

4. 挺身而出支持你。

5. 在你需要帮助时，伸出援手。

6. 鼓励你做正确的选择。

7. 不会抛下你。

8. 不在背后说你坏话。

9. 对你说真话。

10. 讲的笑话让你开怀大笑。

悄 悄 话

不论是什么时候，总会有人向你施压，让你"合群"。每个人都想融入集体，每个人都想受到欢迎。但是，当你听到某人说"别假惺惺的了，大家都这样做"时，你要冷静下来好好想想，尤其当这些事有危险或很值得怀疑动机的时候。不是大家考试都作弊，不是大家都吸烟、喝酒、吸毒，不是大家都违反纪律。"大家"会做的事情其实只有个别人才做，因此不要掉入"大家"的陷阱。你要是不知道该怎样做，去问一问你信任的成年人。

选择一种方法，试一试，记录下过程和结果。为了巩固这一要素，你是否愿意再试试其他方法，认识更多能给你带来积极影响的朋友呢？

我该沉默吗？（下）

其他孩子都下了校车，阿瓦罗却步履沉重，走在了最后。特纳从他身边走过时说："阿瓦罗，待会儿见。我去看看博比这小子带了什么好吃的孝敬我。"

特纳这样对待博比，阿瓦罗很气愤。但他仍然保持沉默。他想："特纳是我最要好的朋

友，我无法阻止他。"

就在这时，朱莉娅向他跑过来。他非常喜欢朱莉娅，顿时感到心在咚咚地跳个不停。朱莉娅来到他跟前，一针见血地说："你朋友可真行啊！"说完转身就走。阿瓦罗感到很尴尬。

阿瓦罗喃喃自语："好吧，连茱莉娅都这样说，我不能再沉默了下去。"他暗暗下定了决心。他其实早就应该这样做了。

阿瓦罗在教室外面看到了特纳，他走上前说："特纳，我有事要跟你说。"

特纳和周围的一群人都等着他开口。阿瓦罗很清楚话说出口可能连朋友都没得做，但他没有别的选择。他早该挺身而出，坚持做正确的事情，即使遭到所有人的反对也在所不惜。

阿瓦罗鼓足了勇气，对特纳说："够了，特

纳。我不喜欢你这样欺负博比。他受不了每天都被你提弄。这不好玩，也不公平，也不可笑。"

特纳笑着说："听听，他说什么呢！"

但是周围的人没有笑，都在等着看之后会发生什么。

阿瓦罗看到这一切，觉得还可以多说两句。他说："现在我郑重告诉你，如果你还想跟我

做朋友，你就得放过博比。"

特纳做了个鬼脸，转身离去。他走了没多远，又停下来，回身说："好啦，好啦，你都说出这样的话了……"特纳伸出手和阿瓦罗握手，说，"我答应不再欺负博比。我们还是好朋友？"

阿瓦罗说："好，一言为定，我们还是好朋友。"

高 期 望

父母和老师希望你在学校和其他活动中表现出自己最好的一面。

爱我还是爱分数（上）

回到家，基拉突然把从书包里的东西倒在地上——包里东西掉了一地。

爸爸听到响声后跑过来，问："怎么了？"看到地上那堆课本、试卷、铅笔，他恍然大悟，"哦，准是又要数学考试了。"

基拉哭了："是啊，我会不及格的。"

爸爸弯腰捡起基拉讨厌的数学书。他做了个鬼脸，笑着说："不要紧，你爸爸上小学的

时候数学也不及格。"

基拉哭得更厉害了。

爸爸赶紧解释："我只是开玩笑。"说着，他捡起地上的东西，收进基拉的书包里。

"我就不是学数学的料！就算通宵学习，我也考不好。"

爸爸温和地回答道："基拉，再努力一把，我们都相信你能得个好成绩。"

基拉哭着说："我做不到。我会让你们失望的！"

爸爸还想说些什么，但基拉从房间里跑了出去。

基拉对于高期望这个要素感到很焦虑，也很困惑。

现在想想你自己的生活。父母和老师会期望你在学习上做到最好吗？在其他方面希望你做到最好吗？

如果回答是肯定的，那么你具备高期望这一要素。请你继续读下去，学习如何巩固这种要素，把它发扬光大。

如果回答是否定的，也请你继续读下去，

学习如何获得这种
能力。

你也可以用这
些方法来帮助他人
获得这种能力，比
如帮助你的家人、朋友、邻居和学校里的同学。

◀ 如何获得这种要素 ▶

在家里

勤于交流

你知道父母和身边关心你的大人对你真正
的期望吗？有时候孩子不明白父母对他们真正
的期望是什么。他们觉得父母只希望他们考年
级第一或在运动会上拿冠军。其实，很多家长
只是希望孩子发挥出自己最好的水平，而不是

凡事争第一。你和父母讨论过这件事吗？他们对你的期望是什么？他们的期望符合实际吗？会不会对你的期望太高了？

允许犯错

你不可能一下子就获得成功，有时候就算失败两三次都很正常。失败了不要自责，下次加倍努力就是了。

不要苛求完美

俗话说："金无足赤，人无完人。"没有人是完美的！如果你试图让自己变得完美，那你一定会畏畏缩缩，因为你不敢去冒险或做出新的尝试。你应该允许自己每天至少犯三个错误。去吧，勇敢地去尝试吧。

收集格言警句

从书籍或杂志中摘取一些能激励你的名言警句，写在笔记本或日记本里。如果你特别喜欢一条格言，就把它贴在镜子旁边，方便你每天看到。你可以从这条名言开始："志当存高远。"

在 学 校

和老师聊一聊你的期望

把你的学习目标告诉老师，争取得到他们的帮助和支持。如果你设定了一个比较高的目标，他们会对你投入更多的关注。

帮助年纪比你小的孩子

　　为社区里的小孩子设立目标。问问他们在学校里的表现。和他们在一起时，要以身作则，成为他们的榜样。

和朋友在一起

对朋友要有高期望

对朋友报以较高的期望。互相勉励，努力学习。朋友有比赛、训练或者演出时，尽量到场为他们鼓劲加油。如果朋友要做危险的事情，不要袖手旁观，要出面制止或者提醒他们。你可以这样说："你要小心！我很关心你，不想看到你出事。"让朋友知道你对他们有较高的期望。

选择一种方法，试一试，记录下过程和结果。为了巩固这一要素，你是否愿意再试试其他方法，让大家都期待你做到最好呢？

爱我还是爱分数？（下）

基拉用靠垫蒙着头，伏在客厅的沙发上哭。

这时，她的哥哥杰伊回来了，一看到她就说："嗨，多愁善感的姑娘，你为什么不用纸巾擦擦眼泪呢？"

基拉把靠垫扔向杰伊，尖叫着："闭嘴！一边去！"

爸爸说："好啦好啦，你需要平静下来，那样我们才能好好谈谈。"

杰伊说："我要走了，我可受不了她这么闹腾。"

爸爸拉过一把椅子坐下来，说："基拉，你为什么哭？能跟我说说吗？"

基拉把心事一股脑儿都说了出来："你

期望我门门功课都考九十分，但我数学得不了九十分。老师总是留一大堆作业，做也做不完。每次考试我都不知道如何是好，我只是反复看着那些题，根本不知道怎么做。而且……而且……"

爸爸说："缓一缓，深呼吸。我从没有说过你要门门功课都得九十分。我也知道你数学比较弱，所以——"

基拉不等爸爸说完，自顾自地说下去："每次我得九十分时，你和妈妈都高兴得要命。如果我没得九十分，你们就一脸不高兴。"

爸爸叹了口气，说："我现在要向你解释，爸爸妈妈爱的是你，基拉，不是你的分数。你学习努力，成绩不错，我们也感到很高兴。妈妈也是这样认为的，我想我可以替她这么说。"

基拉固执地说："你们肯定不希望我的数学不及格！"

爸爸说："当然不想。再说我们有的是办法让你取得进步。我能帮你补习，妈妈也能。而且，不管你信不信，杰伊的数学很不错，他也能帮你。"

"杰伊能帮我？那太好了！"

"真的，他昨晚还跟我说，希望你能经常问他数学题。"

"真的吗？"基拉直起身，擦干眼泪。

爸爸回答说："真的。我们还可以和老师谈谈，看是否需要为你请个家教。关键是要努力学好数学，而不是努力地哭！"

基拉笑了，抱着爸爸说："我爱你。我这就去问问杰伊能不能帮我复习——越早越好！"

写给大人的话

美国一家非营利组织"探索研究院"做了一项广泛深入的调查。调查结果表明，所有健康成长的孩子都具备所谓的"成长要素"。"成长要素"有以下几类：支持要素、环境赋予能力要素、边界与期望要素、合理利用时间要素、学习承诺要素、价值观要素、社会能力要素、积极的自我认识要素。

本书以及其他七本，构成《成长的要素》系列丛书，帮助少年儿童自觉地在生活中学习、培养这些帮助他们健康成长的要素。但是我们应当明白，培养这些要素需要我们大人的帮助和配合。在生活中，孩子最需要的是父母、家人、老师以及关心爱护他们的人。好好听孩子说话；

记住他们的名字；了解他们的生活；为孩子们提供发挥潜能的机会；在他们摔倒时伸出援手；提供保护，使他们免受伤害。这些都是孩子们需要的。

基于"探索研究院"的研究结果，本套书将孩子健康成长所需要的三十九种成长要素分两大类，即外在的要素和内在的要素。外在要素指的是外界对孩子的认可和支持、环境赋予孩子积极行动的能力及规章制度等等。内在的要素是指价值观、自我认知、自我管理技巧等，这是孩子们内在的能力。这些能力的培养还要得到家长的帮助。

本书讲的六种要素属于外在的要素，统称为边界和期望要素——即周围环境给孩子提供积极的体验，孩子也能很好地融入这个环境中。

边界与期望要素引导孩子做出正确的选择和决定。不以规矩不成方圆，孩子在生活的各个方面都需要清晰的边界，因此，本书讲述了家庭、学校和社区各个方面的边界。有了清晰、固定、合理、奖惩分明的行为规范，孩子们会更加顺利地成长。

孩子们的行为也需要旁人的引导。他们会模仿大人，也会受到同龄人的影响。因此，本书也讲述了成人榜样和同龄人的积极影响。

除此之外，孩子们也需要身边大人的鼓励。他们需要父母、老师和其他人对他们寄予厚望——这是这一组要素中的最后一个。高期望会让孩子全力以赴，有最佳表现，但是这些期望不能过高，让孩子觉得遥不可及。期望应当合乎实际，并且要随着孩子在经验、能力、才能方面的成长而不断调整。

书后的附录中列出了这三十九种成长要素，并有简单的介绍。

感谢您这样的有心人，使本书能够到达孩子或与他们有关的成年人手中。我们期待着孩子们能更加顺利地成长，并且欢迎您提出建议，帮助修订本书，使它更丰富、更适于应用。

帕米拉·埃斯普兰德

伊丽莎白·弗迪克

促进八至十二岁儿童身心健康发展的三十九种要素（即成长的要素）

外在要素

支持要素

1. 家庭支持——在家中，家人支持你、爱你。

2. 积极的家庭交流——你能和父母轻松愉悦地交谈，会自然而然地征求他们的意见。

3. 其他成年人的支持——家长以外的成年人会帮助你、支持你。

4. 邻里关怀——你的邻居认识你、关心你。

5. 校园关爱——在学校，你与老师、同学相处融洽，常常彼此关心，彼此鼓励。

6. 家长参与学校活动——父母积极参与学校活动，帮助你取得好成绩。

环境赋予能力要素

7. 受到重视 —— 身边的大人愿意重视你，倾听你，赞赏你。

8. 参与决策 —— 无论是在家里还是在其他场合，你都能参与决策，发表意见。

9. 服务他人 —— 家庭、校园、社区为你提供帮助身边的人的机会。

10. 安全意识 —— 在家庭、校园、社区中，你有安全感，会注意个人安全，并求助大人维持这些地方的安全。

边界与期望要素

11. 家庭边界 —— 家里有明确且固定的规定，如果你违反了规定，就要承担一定的后果。

12. 学校边界 —— 学校有明确的规定，如果你违反规定就会受到相应的惩罚。

13. 邻里边界 —— 你的邻居会关照社区里的

孩子。

14. 成人榜样——你的父母和你认识的其他成年人做事积极、负责任，为你树立了很好的榜样。

15. 同龄人的积极影响——你的好朋友做事积极、负责任，对你产生了正面影响。

16. 高期望——父母和老师希望你在学校和其他活动中表现出自己最好的一面。

合理利用时间要素

17. 培养爱好——参加美术、音乐、戏剧或文学创作等活动。

18. 参加课外活动——参加校内或校外专为少年儿童组织的课外活动。

19. 安排家庭时间——每天留出一段时间与家人一起做一些有趣的事情，而不是独自看电视、玩电脑。

内在要素

学习承诺要素

20. 成就动机——希望在学校里取得好成绩，并为此努力学习。

21. 学习投入——不论在校内还是校外，你都乐于了解新的事物，主动学习。

22. 完成作业——能按时、独立完成作业。

23. 关心学校——关心学校的老师和其他成年人，和他们关系密切。

24. 喜欢阅读——喜欢看书，几乎每天都看，并从中获得乐趣。

价值观要素

25. 关心他人——经常关心、问候他人，主动为他人提供帮助。

26. 追求平等——提倡人人平等，不欺凌弱小。

27. 坚守信念 —— 拥有自己的准则并坚持到底。

28. 诚实守信 —— 说真话，不说谎，言行一致。

29. 有责任感 —— 对自己的行为负责，不找借口，不推卸责任。

30. 有健康意识 —— 讲卫生、爱整洁、经常锻炼身体，养成健康的生活习惯。

社会能力要素

31. 计划与决策的能力 —— 能认真思考做出选择，懂得事先制订计划，对自己的决定感到满意。

32. 人际交往能力 —— 喜欢交友，能关心他人和他们的感受；在烦恼和生气的时候，能让自己平静下来。

33. 认同多元文化的能力 —— 理解不同民族、不同文化背景的人，能与他们和谐相处。认同自己的文化，并为之自豪。

34. 拒绝的能力——远离可能带来麻烦的人，拒绝做危险或错误的事。

35. 和平解决冲突的能力——不使用尖刻的话语和武力，和平解决冲突。

积极的自我认识要素

36. 控制力——有一定能力去控制生活中发生的事情。

37. 自尊心——认可自己，尊重自己，为自己感到骄傲。

38. 价值感——会思考生活的意义、生命的价值，为未来定下目标。

39. 正能量——对自己的现在和未来充满希望。

成长的要素培养计划

　　读完本书，请认真想一想，你要怎样在生活中培养这些要素呢？写下你的计划吧！

《成长的要素》丛书简介

关心你的人

帮助孩子们建立起六种支持要素：家庭支持、积极的家庭交流、与其他成年人的支持、邻里关怀、校园关爱、家长参与学校活动。

积极行动　勿忘安全

帮助孩子们建立起四种环境赋予能力要素：受到重视、参与决策、服务他人、安全意识。

不跨边界　追求卓越

帮助孩子们建立起六种边界与期望要素：家庭边界、学校边界、邻里边界、成人榜样、同龄人的积极影响、高期望。

善用时间

帮助孩子们建立起三种合理利用时间要素：培养爱好、参加课外活动、安排家庭时间。

爱学习　会学习

帮助孩子们建立起五种学习承诺要素：成就动机、学习投入、完成作业、关心学校、喜欢阅读。

明辨是非

帮助孩子们建立起六种价值观要素：关心他人、追求平等、坚守信念、诚实守信、有责任感、有健康意识。

做对选择　交对朋友

帮助孩子们建立起五种社会能力要素：计划与决策的能力、人际交往能力、认同多元文化的能力、拒绝的能力、和平解决冲突的能力。

为自己而骄傲

帮助孩子们建立起四种积极的自我认识要素：控制力、自尊心、价值感、正能量。

图书在版编目（CIP）数据

不跨边界 追求卓越 ／（美）帕米拉·埃斯普兰德，（美）伊丽莎白·弗迪克著；汪小英译. — 石家庄：河北少年儿童出版社，2018.10
（成长的要素）
ISBN 978-7-5595-1753-1

Ⅰ．①不… Ⅱ．①帕… ②伊… ③汪… Ⅲ．①品德教育—少儿读物
Ⅳ．① D432.62

中国版本图书馆 CIP 数据核字（2018）第 209525 号

Copyright © 2005 by Pamela Esplend, Elizabeth Verdick, Search Institue
and Free Spirit Publishing
Original edition published in 2005 by Free Spirit Publishing Inc.,
Minneapolis, Minnesota, U.S.A., http://www.freespirit.com
under the title: Doing and Being Your Best
All rights reserved under International and Pan-American Copyright Conventions.

著作权合同登记号　　冀图登字：03-2017-034

成长的要素

不跨边界 追求卓越　BU KUA BIANJIE ZHUIQIU ZHUOYUE

[美]帕米拉·埃斯普兰德　[美]伊丽莎白·弗迪克 著　汪小英 译

策　　划	段建军　李雪峰　赵玲玲	版权引进	梁　容
责任编辑	李　璇	特约编辑	梁　容
美术编辑	牛亚卓	装帧设计	杨　元

出　　版	河北出版传媒集团　河北少年儿童出版社
	（石家庄市中华南大街 172 号　邮政编码：050051）
发　　行	全国新华书店
印　　刷	北京启航东方印刷有限公司
开　　本	787mm×1092mm　1/32
印　　张	4
版　　次	2018 年 10 月第 1 版
印　　次	2018 年 10 月第 1 次印刷
书　　号	ISBN 978-7-5595-1753-1
定　　价	20.00 元